Über dieses Buch Eine ›Leihkatze‹ nennt der Autor seinen Kater, der auf den wenig spektakulären Namen Peter hört und in der Familie die Rolle der Katze auf Besuch spielt, die kommt und geht, wie es ihr gefällt, die sich zwar füttern und streicheln, auch für Stunden ans Haus fesseln läßt, dann aber doch wieder im Freien vagabundiert und in kätzischer Unabhängigkeit auch anderen Menschen das kurze Glück ihrer schnurrenden Anwesenheit schenkt.
Wie beide, Mensch und Tier, sich aufeinander einstellen und aneinander gewöhnen, wie dann doch eine Abhängigkeit entsteht, für die Peter eines Tages den Preis zahlen muß, davon erzählt diese liebevolle Katzengeschichte.

Der Autor Otto Schönberger, 1926 in Dillingen/Donau geboren, studierte Klassische Philologie, Germanistik und Philosophie. Er lebt heute in Würzburg. Bekannt wurde er mit kommentierten Neuübersetzungen von Longus, Horaz, Philistratos und Cato.
›Die Leihkatze‹ ist seine erste literarische Veröffentlichung.

Otto Schönberger

Die Leihkatze oder wie man Katzen lieben lernt

Mit Vignetten
von Jan Balet

Fischer Taschenbuch Verlag

Ungekürzte Ausgabe
Veröffentlicht im Fischer Taschenbuch Verlag GmbH,
Frankfurt am Main, November 1986

Lizenzausgabe mit freundlicher Genehmigung der
Windecker Winkelpresse Günther Weiss-Margis,
Windeck/Altwindeck

Die Reproduktion der zwölf schwarz-weißen Skizzen
(Vignetten) von Jan Balet erfolgte mit freundlicher
Genehmigung der COSMOPRESS, Genf

Umschlaggestaltung: Rambow, Lienemeyer,
van de Sand
unter Verwendung einer farbigen
Aquarellskizze von Jan Balet

Druck und Bindung: Clausen & Bosse, Leck
Printed in Germany
680-ISBN-3-596-28203-9

Diese Geschichte ist

Peter

und allen seinen

Nachfolgern

gewidmet.

Die Leihkatze

Sie haben recht: »Leihkatze« ist ein merkwürdiges und bedenkliches Wort. Es klingt so neudeutsch und unsolide wie »Leihwagen« oder »Sonderangebot«, und wirklich war die Verschwommenheit unserer Ansprüche an Peter, die mangelhaft bestimmte Verantwortung für das Tier, die Ausbeutung seiner Einsamkeit durch uns ein treffender Beleg für das, was man bei uns zu Hause – freilich in anderem Belang – ein »schlampiges Verhältnis« nennt.

Aber alles der Reihe nach! Man muß wissen, daß wir nach vieler Mühe eine enge und zermürbend laute Wohnung im Stadtkern mit unserem »Neubau in ländlichem Vorort« – so lautet der Jargon – vertauscht hatten. Doch was heißt »vertauschen«! Nur, wer Monate und Jahre von mahlendem Autolärm gequält wurde und fast nie das Fenster öffnen konnte, ohne die Luft im Zimmer zu verschlechtern, kann ermessen, wie erlösend das Leben in Neubrunn nach der großstädtischen Verbannung für uns war. Neubrunn trägt seinen Namen zu Recht, einen Namen voller Frische und Auferstehung.

Wie man nach Neubrunn gelangt? Man kommt aus der Stadt, biegt am Sünderberg nach Südosten ein und erreicht die Höhe eines sanften Hügels. Dort wirft man noch einen Blick auf die schlanken Kirchtürme, die in vergoldetem Grau gestaffelt aus dem Dunst des Stadtkessels ragen. Im Weiterfahren genügt ein Blick auf die links der Straße erbauten Wohnblocks der Amerikaner, rosarote, grellgelbe und lila Hochhäuser mit flachem Dach – wirklich, ein mehr als flüchtiger Blick ist Verschwendung. Doch nun beginnt der Wandel:

nach einigen hundert Metern ist die Stadt vergessen, man sieht Felder, Bäume und Gärten, das Auge findet Ruhe, und dörfliche Gelassenheit umfängt den Besucher. »Stadt und Kultur«, das ist eine beliebte Gleichung, doch es gibt auch eine Dorfkultur, und ich könnte glauben, daß in einem Spargelfeld oder gut besorgten Obstgarten nicht weniger Natur- und Menschenformung am Werk war, als an einer mit Autos vollgedrängten Kreuzung der City. Neubrunn jedenfalls hat Kultur, das möchte man sich ausbitten, wenn man es dem Besucher von der Höhe weist, wie es sich am Hang herabzieht, an der nie versiegenden Quelle seinen Mittelpunkt findet und gegen den Talgrund seine neubesiedelten Straßenarme ausstreckt. Dazu kommen kleine Hügel mit Haus und Hof, die alte und neue Kirche und die Turnhalle. Neubrunn ist keine geschichtslos dahindämmernde Siedlung, sondern ein lebhaftes Gemeinwesen, das weder

der nahen Großstadt erliegt, noch sich fruchtlos abschließt, sondern die zahlreich beiziehenden Stadtleute aufnimmt und assimiliert, so daß ein neuer Schlag entsteht, der sich als »Vorstadtdörfler« bezeichnen ließe, Leute, die vielleicht die Vorzüge beider Wohnorte aufweisen.

Bald erwies sich die Aufnahmefähigkeit Neubrunns auch an uns. Wir waren im Dezember zugezogen, und schon nach zwei Tagen nahmen unsere Kinder an einer Aufführung zugunsten der südamerikanischen Diaspora teil, bei der unser Ältester im religiös aufgewerteten Faschingskostüm als Indianer vorzutreten und die dortige Verlassenheit mit den Worten zu beklagen hatte: »Dort haben wir für fünftausend Menschen nur einen Priester«. Bald war die große Tochter Mitglied des Jugendchors, die beiden Großen und die kleine Tochter traten dem Turnverein bei, nachdem ich zahlendes Mitglied geworden war, und ich fürchte, daß weitere Vorortkorporationen auf der Lauer liegen, etwa die Feuerwehr, der Kindheit-Jesu-Verein oder die Raiffeisenkasse.

Im ganzen gesehen wird mich aber jeder verstehen, wenn ich sage: Neubrunn war für uns nicht nur ein Ort, es war ein neuer Zustand. Aber selbst hier blieb man nicht verschont von Härte und Strenge, denn die Decke, nach der die Menschheit sich streckt, war schon immer zu kurz, wird nie groß genug sein, und – wie man hier sehen wird – nicht einmal eine Katze hatte Platz unter ihr.

Eines Tages, im Frühjahr nach unserem Einzug, kam nämlich eine Katze ins Haus. Ich weiß nicht, wer sie hereinließ; vermutlich war es unsere Älteste, die sehr tierlieb ist. Zuerst wurden die notwendigen Aufgaben der Gastfreundschaft erfüllt: das Tier bekam Speise und Trank. Dann begannen die »Nuancen«: Man fragte nach Name und Art, und es zeigte sich, daß nun ein Kater im Hause verkehrte, der – wie Fragen bei Nachbarskindern ergaben – Peter hieß und eigentlich herrenlos war. Ich sage »eigentlich«, denn man erfuhr, daß seine Besitzer ihn – man beachte den kommerziellen Ausdruck – »abgestoßen« hatten (nicht etwa »verstoßen«, das setzte alttestamentarischen Zorn voraus) und daß Peter sich nun am Leben halte, indem er in den Häusern um Nahrung bitte, sonst aber ein Landstreicherleben führe, ohne festen Wohnsitz also. Andererseits war Peter, wie man sofort sah, nicht verwildert.

Nun machten wir eine neue Erfahrung: Kaum ist jemand im Hause, und sei es eine Katze, beginnen die Probleme, und bei Peter gab es gleich mehrere Fragen.

Die Kinder wollten Peter annektieren; dem standen aber die ungeklärten Besitzverhältnisse entgegen, denn niemand konnte sagen, was geschehen war, als die ursprünglichen Besitzer

Peter »abstießen«; war er aufgegeben, verjagd, enterbt? Dem widersprach, daß Peter bei seinen Rundgängen auch bei ihnen vorbeischaute, also halbwegs noch zu ihnen gehörte. Und selbst wenn man Peter ins Haus nahm: wer fütterte und versorgte ihn, während wir nicht da waren, in den Weihnachtsferien etwa oder im August? Man sieht, so ein Tier bringt manchmal schwierigere Fragen mit sich als ein Kind, das man notfalls einem Heim anvertraut, und so entschloß man sich zu einem Ausgleich: wir ernannten Peter zu einer Leihkatze. Dies war der faulste Kompromiß, der zu schließen war, ein widerlich neuer Bund, der von uns her gesehen lukrativ war, denn man bekam, was man wollte: die warme, mullige Spielkatze zur Unterhaltung, und man hatte nicht, was man nicht wollte: die Verantwortung. Für das Tier konnte es gefährlich werden, denn das neue Verhältnis, das nun geknüpft und mit Fleisch und Milch bekräftigt wurde,

war einseitig und kurzfristig kündbar, und dann mochte der halb eingewöhnte Peter sehen, wo er blieb.
Man wird nun sagen, einer mehr oder weniger streunenden Katze gegenüber seien dies recht skrupulante Überlegungen, doch liegt in dem Wort: »halb« schon das Problem: wenn Peter halb angewöhnt war, knüpften sich Beziehungen in ihm, zu Menschen, Gegenständen, Plätzen, und solches Heimischwerden mochte ihn allmählich der Fremde entwöhnen, ihn auf den Pfad bourgeoisen Lebensgenusses führen und manche Fertigkeit vergessen machen, mancher Instinkte entwöhnen, die ihm später, bei aussetzender Geborgenheit, fehlen mochten.
Die Sache ging auch schlimm genug aus, und natürlich, wie es die Herren Menschen in ihren sauberen Pakt eingebaut hatten, bezahlte Peter die Zeche, eine hohe, eine böse Zeche.
Bevor ich die kurze Geschichte erzähle, sei Peter, die Leihkatze, gebührend

vorgestellt, und zwar in einigen für ihn charakteristischen Szenen. Ich erfülle damit nachträglich Pflichten und zwinge uns, die billige »Gesundheit« des Vergessens auch kleiner Schuld abzulehnen, und wenn es mir gelingt, Peter gegenwärtig zu machen, will ich aus seiner neu beschworenen Gegenwart die Hoffnung ableiten, er werde uns, den tückisch Halbunschuldigen, nicht grollen.

Man wird sehen, daß meine Worte nicht kunstfroh, nicht übermütig genug sind, um Peter so recht zu schildern, doch ist dem schwer abzuhelfen: der Schuldige spricht unfroh.

Andererseits will ich hoffen, daß nicht nur Peter höhere Gestalt gewinnt, sondern daß in ihm – bei aller persönlichen Ähnlichkeit – das allgemeine Wesen der Katze deutlich wird.

Peter kommt die Straße herauf

Am Rand der Straße, die noch durch Felder läuft, kommt Peter braungrau und verloren heraufgeschnürt. Gelegentlich bleibt er stehen, besieht sich etwas, läßt – weiter nicht gerührt – eines der seltenen Autos vorbei, und schnüffelt manchmal an einer Kartoffelstaude. Lockt man ihn, setzt er sich in gelinden Trab, doch hält er diese Gangart nicht lange durch, sondern fällt rasch in den Katzentrott zurück. Selbst aber wenn er hungrig ist und zum Haus eilt, das letzte Stück wird getrottet, das ist Peter seiner Würde als Kleintiger schuldig.

Im Näherkommen sei Peter besichtigt, und jedermann stellt fest: ein feiner Mann kommt hier nicht, und leider stimmt das. Peter ist ein Draußenlieger und Vagabund und dies weniger aus Freiheitsdrang als durch Not, und wenn das Tier noch so hoffnungsvoll – wie ein Soldat – »aus dem Felde« kommt, wenn es freudig zu den Behausten strebt, die Fremde, das Exil hat Peter geprägt. Es ist traurig, wie Heimatlosigkeit auf ein Tier oder – es gibt da wenig Unterschiede – einen Menschen wirkt. Der Mangel an »Besitz«, einem Platz, der als Rückzugsgebiet Sicherheit böte, das Fehlen einer Schutzwand, und sei sie noch so symbolisch, das ist eine Belastung, der auch der Mensch nur auf höchster Stufe gewachsen ist, dort, wo unser Leben in eine Geisteshelle ragt, die Heimat in erhöhtem Sinne bietet und von Gefängnis oder dem ängstlichen Schutz der vier Bürgerwände nichts mehr spürt und zu wissen braucht.

Andererseits wurde Peter so selbständig, daß ihn auch das Leben auf eigenen Füßen nicht verwildern ließ: auch für einen Menschen eine nicht

alltägliche moralische Leistung.
Es kann auch sein, daß Peter morgens vor dem Hause sitzt, auf einem Zaunpfahl etwa oder vor der Terrassentür, und sehnsüchtig nachsieht, ob sich hinter den spiegelnden Scheiben nicht etwas rührt, ob nicht ein Fenster geöffnet oder gar die Zeitung geholt wird.
Dann spitzt das Tier die Ohren, Einsamkeit und Hunger sind vergessen, Peter springt vom Pfosten, richtet den Schwanz gen Himmel und läuft fröhlich zum Haus, freilich nicht ohne am Eingang kurz zu sichern.
Beim Hereinkommen läßt Peter seinen Morgengruß hören. Er macht hochtonig und kurz mit Kehle und Bauch »Grrr«, und jeder weiß nun: Peter ist da, zeigt seine Freude und will schleunigst warme Milch trinken.
Eine Variante zu dieser Art des Einzuges besteht darin, daß Peter erst seinen Kopf am Türrahmen reibt, um so die Zuneigung zu Haus und Insassen kundzutun. Diese Geste erinnert an altbi-

blische Bilder, an Ausdrücke wie: »Ich will die Schwelle Deines Hauses preisen, o Herr« oder »Mein Haupt sei an die Pfosten Deiner Wohnung geschmiegt, Herr, mein Vater«.

Nun sei Peter betrachtet: Man sieht die graubraune Grundfarbe des Fells, sieht die schwarzen Längsstreifen auf der Oberseite des Kopfes und den dunkeln Farbzug auf der Mitte des Rückens. Dunkle Streifen laufen auch vom Rükken zu den Flanken. Die Landkarte von Peters Fell ist aber noch bunter: Terra incognita gibt es dort, abenteuerreiches Weiß, besonders an der spitzen Brust, den Schultern, am Bauch und der Innenseite der Hinterfüße. Aus der weißgrauen Maske des Gesichtes blikken die grünlichen Augen mit dem rasch veränderlichen Oval der dunklen Pupillen. Die Ohren sind innen rosagrau und mit weißen Härchen besetzt. Der bepelzte Kopf macht einen fast massigen Eindruck. Streicht man aber die Haare zurück, zeigt sich ein spitzes

Raubtierköpfchen, das an Wiesel und Marder erinnert.
Wirklich, Peter hat ein Gesicht! Seine Augen stehen – wie beim Menschen – nach vorne und nicht seitwärts wie bei vielen anderen Tieren. Die Augen beherrschen Peters Gesicht ebenso wie den Betrachter, und selbst die trübe, dreieckige Haut im Augenwinkel ist beweglich, spielt und dient dem Ausdruck. Die Augen einer Katze verdienen das Wort »Lichter«, und Peter, der aus der Dämmerung ins Licht sieht, erinnert an eine Spielzeuglokomotive, die mit brennenden Birnchen aus dem Tunnel rollt.
Wen wundert es, daß sogar die poesiearme Behörde bei Peters Artgenossen Anleihen machte und den Autorückstrahler »Katzenauge« nannte?
Peters Ohren verraten seine Gemütslage: nach vorne gespitzt künden sie Aufmerksamkeit und Sympathie, nach hinten gelegt zeigen sie Gleichgültigkeit, Enttäuschung und Wut. Am Kinn

hat Peter eine dunkle Stelle, ein kleines Bärtchen etwa, und erinnert an Maler oder eigenständige Jünglinge.
Kein Wort vermag die historische Hintergründigkeit Peters zu fassen, seine Sphinxnatur, die Mischung aus alter Erfahrung und ungebrochener Gegenwart; niemand auch kann Peters Geist begreifen, und so bleibt uns nur der Versuch, aus seinem Äußeren die tiefere Natur zu erschließen.
Eines steht fest: Peter ist kein Prachttier, kein Staatsvieh, ist literarisch kaum satisfaktionsfähig. Seine Bildung imponiert nicht; sie entspricht dem Niveau eines Gewerkschaftsfunktionärs, womit gegen diesen Stand nichts gesagt, sondern der Durchschnitt und die mittlere Gediegenheit in Peters Art bezeichnet sei.
Wie soll auch ein Tier zur Lebenshöhe finden, das zu früh den Ernst spürte? Sorglose Kinderspiele bei vollem Teller, ja, wenn Peter das gehabt hätte!
Und sich emporzuhungern zum Genie,

das war seine Sache nicht, und keiner darf ihn dafür schelten.

Peter hat Hunger

Peter kommt nicht aus Zuneigung, nein, es ist der Hunger, der ihn treibt, der bare Selbsterhaltungstrieb. Daher das gierige Warten vor dem Haus, die Qual der oft enttäuschten Hoffnung auf Einlaß. Es gibt aber keine Wahl für Peter: er muß sich Nahrung verschaffen, oder ein schmerzlicher, ja tödlicher Hunger wartet auf ihn. – Nun ist Peter im Hause, steuert der Küche zu, blickt sich um, ob ihn der Mensch versteht und begleitet, und reibt Kopf und Seiten an Tisch- und Stuhlbeinen. Auch stellt er sich hoch, legt die Vorderpfoten an die Tischplatte und äugt, ob dort für ihn schon angerichtet ist. Er setzt sich wohl auch auf einen Stuhl, doch weiß er, daß damit die Grenze erreicht ist, denn weiter darf er nicht hinauf.

In der Zwischenzeit hat der Kühlschrank geschnappt, der Milchtopf kam heraus, Peters Teller ist geholt, der Gasherd wärmt die Milch, und nun wird der Teller vorsichtig zu Peters Eßplatz getragen. Peters Augen sind dabei weit geöffnet und lassen das Gefäß der Hoffnung nicht aus den Augen, und als ob er durch körperliche Bewegung die Speise sichern oder herbeiziehen könnte, läuft er unterhalb des schwebenden Tellers hin und her, wobei der hintere Teil seines Körpers stärker bewegt ist als der Bug mit dem Kopf, der unverwandt emporblickt. So können magische Tänze entstanden sein, Zauberkreise, gebannten Blickes um das Bild bitter nötiger Beute gezogen. Bei diesem Rennen mit erhobenem Schwanz wird offenbar, wie quälend und magenkrampfend Peters Hunger ist. Man muß ihn zurückhalten, sonst würfe er das herabkommende Gefäß um. Nun stürzt er zum Teller wie ein Verirrter in der Wüste zur Wasserstelle, doch gibt es noch einen Aufenthalt: Selbst bei bohrendem Hunger beginnt Peter nicht gleich zu fressen; erst wird geschnuppert, ob die Nahrung unschädlich, die Milch nicht zu heiß ist.

Dann leckt Peter, schlürft, schlarft, schmatzt, und von Eßkultur ist nicht die Rede, er leckt eilig die warme, den Magen beruhigende und angenehm füllende Milch in sich, daß am Kinn ein Bart hängen bleibt. In knappen Schnaufpausen schaut sich Peter abwesend und kurz um, wendet sich angestrengt atmend wieder dem Teller zu und leckt und schleckt, bis auch der letzte weiße Schimmer daraus verschwindet.

Hat Peter Glück, gibt es süße Milch; unser Jüngster trinkt seine Milchflasche morgens nicht immer leer. Er hält sie dann zum Bettchen hinaus und sagt dabei: »Mag nicht mehr!« Das gibt dann ein Katerfrühstück. Ist Peter noch so satt, für Milch mit Zucker mißachtet er die Gefahr, sein praller Bauch könne platzen. Er kann wirklich fressen, bis er rund wie eine Tonne ist.

Natürlich gibt es für Peter auch andere Nahrung. Mittags erhält er Fleischabfälle, und wenn er Glück hat, darf er auf der Eckbank zu jedem hingehen und betteln. Die genehmigten Stückchen holt er sich mit halb vorgestreckten Klauen, springt damit zu Boden - sicher ist sicher, einem Raubtier schmeckt es von der Erde am besten - und verschlingt sie hastig. Gleich ist er wieder oben und bettelt - oft sehr lästig - weiter. Für dieses rücksichtslose Betteln weiß ich keinen besseren Ausdruck als das Wort »dringen«. Ich habe es aus einem mittelhochdeutschen Kolleg gerettet und erinnere mich, daß es beflissene Liebedienerei bei Kaiser und König bedeutet, und Peter wäre zu so höfischer Tätigkeit so lange jedenfalls geeignet, bis sein Hunger gestillt wäre.

Nicht nur aufs Bitten und Betteln versteht sich Peter, manchmal kommt auch das Raubtier durch, und er zögert nicht, alle Regeln bürgerlichen Rechts außer acht zu lassen, wenn er durch Gewalt zu etwas kommen kann. Im Grunde ist er ein Schnapphahn, Wegelagerer und Buschklepper. Peter sieht ein Stück Fleisch auf dem Teller seines geliehenen Herrn, und nun tritt er entschlossen in Aktion. Der staunenswert rasche Übergang aus dem Ruhestand in furiose Bewegung ist sein wichtigstes Raubtiererbteil, und auch jetzt schnellt seine Pfote überraschend vor, schon sind die Krallen in das Fleisch geschlagen, das Stück fliegt zu Boden, Peter saust hinterher, und rasch haben die Zähne zugepackt.

Das Folgende muß ich im Aspekt der Vergangenheit erzählen, denn hier war ich selbst beteiligt, und ich will nicht den Eindruck erwecken, ich jage Katzen Beutefleisch ab und notiere dabei Impressionen.

Peter verzog sich unter die Eckbank, wohl aus Instinkt, aber auch aus der Erwägung, man müsse die Entrüstung abklingen lassen. Das half aber nichts, man zog aus gegen Peter, holte ihn hervor und suchte dem Gauner die Beute abzujagen. Doch: als Peter erwischt war, als er unter den linken Arm geklemmt war, als wir an dem Fleisch zogen, um es ihm aus den Zähnen zu reißen, da erhob sich das Tier zum Heroismus eines komischen Duldertums. Die Kiefern hielten die Beute unnachgiebig, hier war Peter ein Fels im Sturm; der Rest seines Körpers war locker und weich, um etwa drohende Schläge nachgiebig aufzufangen. Selbst am Kopf waren nur die Zähne heldisch zusammengebissen, sonst sah Peter armesündermäßig, erwischt und delinquentenhaft aus: die Ohren waren angelegt und hingen nach hinten und unten, die Augen standen schräg im Gesicht, waren innen leidend gehoben und außen gesenkt, die Stirn schien gefurcht. Doch triumphierend hielt er das Fleischstück im Maul, wie wenn es eine riesige Zunge und Peter ein spätgotischer Wasserspeier wäre.

In Anerkennung seines tapferen Widerstandes, und weil ich gegenüber dem Fleisch hygienische Bedenken hatte, wurde Peter die Beute zugesprochen, und man konnte bestaunen, wie der kleine Tiger zubiß.

Das Milchschlabbern der Katzen, die Geräusche dabei und der wilde Appetit der Tiere, all dies ist oft beschrieben; wer aber schildert, wie Peter frißt, beschreibt die Macht der kleinen Kiefer, die scharfen Zähne, den grätigen Gaumen, das Volumen des würgenden Halses? Genug: Peter schlang, und die Bezeichnung »Naschkatze« erwies sich angesichts so elementaren Einverleibens der Beute als völlig unzureichend. »Einverleiben«, das ist das Wort, denn mit Bewunderung sieht man, wie sich jemand so soviel aneignet, wie er die Dinge faßt, erbeutet,

verdaut, wie er – mit einem Wort – weil er Kapazität hat, eine Kapazität ist.
Vor Peter habe ich Respekt, weil er gewaltig frißt. Wenig Freude aber macht uns allen Peters Rivale, ein wohlgenährtes Stinktier aus der Nachbarschaft. Ein Kater, der ohne Mühe sein Futter erhält, ja, man erzählt sich, er bekomme sogar Büchsenfutter. Kein Wunder, daß Schnüffi ein fetter Philister, ein Wohlstandsbürger mit Anlage zum Herzinfarkt geworden ist.
Manchmal bringe ich Peter Fisch aus der Stadt mit. Das Fräulein im Laden besieht mich mißtrauisch, weil ich nur ein Viertelpfund Filet kaufe, Peter jedoch ist begeistert. Fisch ist sein Lieblingsgericht, und sicher wirkt hier ein Instinkt für das, was der kleine Körper braucht. Doch, was heißt Instinkt? Hier spricht ein durchaus bewußter Sinn, der begreift, was zuträglich und was Qualität ist. Wittert Peter schon den Fisch, wird er lebhaft und bringt sich in Erinnerung. Während das Papier raschelt, kommt

er: ein eleganter Sprung auf den Tisch; man wundert sich, daß die Energie reicht, wenn Peter angeflogen kommt und mit den Pfoten geräuschlos aufsetzt. Da wirkt kein Gramm Schub zuviel, und der letzte Moment des Auftreffens ist schon der erste der Ruhe. Dann wieder das Reiben des Kopfes, das »Dringen«, das Hackeln mit der Pfote, das Rennen nach dem Teller, wildes Schlingen. Am Ende wird hochzufrieden die Schnauze geleckt, und im Lekken hält Peter Nachfeier des seltenen Genusses, läßt den Fisch noch einmal auf der Zunge zergehen, schlingt aufs neue und genießt das Gefühl des vollen und satten Bauches.

Peter macht sich schön

Katzen sind reinlich. Selbst ihre Feinde geben das zu; derart sprichwörtliche Sauberkeit wird sogar für Werbebilder verwandt. Es gibt auch kaum ein kräftigeres Symbol für Schmutzfeindlichkeit und energische Befreiung vom Unreinen als eine Katze, die mit Eifer schafft, daß sie rein wird. Dabei mag es viele Gründe für diese fanatische Putzsucht geben, denn ein so gleichbleibendes Streben im Lecken des Fells, so unbedingte Feindschaft gegenüber der kleinsten Unreinlichkeit ist schwer aus einem Grunde abzuleiten.

»Natürlich hatte ich Gründe, eine halbe Stunde auf mein Fell zu verwenden«, scheint der schöngemachte Peter zu sagen, der nach getanem Werk ein wenig schwankend dasitzt und die Augen schmaler werden läßt, »denn Schmutzkrusten an meinem Pelz sind lebensbedrohend, sie mindern die Sensibilität, und was würde aus mir, wenn nicht alle Härchen auf ihrem Posten wären und flinkste Meldung über jede Luftbewegung machten? Ich lebe gefährlich und muß Fell und Waffen blank halten. Zudem hängt meine Bequemlichkeit auch von Ihnen ab, mein Herr, und sollte ich nicht einem Wohltäter proper und reinlich entgegentreten? Das wäre Undank und verriete wenig Bildung. Und selbst von fremder Schätzung abgesehen, meine Selbstachtung, das Gefühl für Sitte und Anstand, zwingt mich zu so akkurater Pflege meines Äußeren. Und Sie wissen ja, wie eng Ordnung, Schönheit und Güte oder, kätzisch gesprochen, ästhetische und lebenserhaltende Funktion des Fells zusammenhängen. »Anmut und Würde« sind für mich Höchstwerte. Dies wären Peters Worte, und sie gäben

eine befriedigende Erklärung für Häufigkeit und Vielfalt seiner Säuberungen. Peter putzt sich zu jeder Stunde und bei verschiedensten Anlässen, wobei er die Zeit nach dem Mahl bevorzugt. Sogar einen hohen Platz sucht das kluge Tier, so daß jeder sehen kann, wie beflissen es nach Reinlichkeit strebt, und es mag sein, daß Peter vorhin sogar einen Hauptgrund vergaß oder sich nicht bewußt machen konnte: es werden auch kultische Instinkte sein, die ihn zu so plakatierter Reinigung treiben, wie man auch bei der statuarischen Ruhe einer sich schminkenden Schönen vor dem Toilettenspiegel, bei ihrer rätselhaften Geduld den Eindruck haben kann, es geschehe dies nicht nur zum Zweck persönlichen Schmuckes, sondern auch im Dienste tieferliegender Strebungen, eines Gedankens allgemeiner Weltverschönerung etwa.
Nun beginnt Peter. Zuerst wendet er den Kopf nach hinten und leckt mit flinker Zunge das Fell an der Seite. Er wirft

seinen Kopf erst mit Schwung zurück, streckt die Zunge heraus und setzt sie möglichst weit oben an. Dann schiebt er den Kopf über die zu putzende Stelle und drückt die Zunge so stark wie möglich auf. Findet er verfilzte oder verklebte Stellen, leckt er wiederholt in kurzem Ansatz darüber, beißt hier das Fell weich und glättet es mit der Zunge. Richtig in Wut kann Peter dabei geraten, und es kann sein, daß er sich in sich selbst verbeißt.

Dann legt er sich halb auf den Rücken und behandelt seinen Bauch, die Hinterpfoten und verstecktere Stellen, denn rein sein muß alles, da ist Peter kompromißlos.

Manchmal nimmt er die schwierigsten Positionen ein. So streckt er, halb seitlich auf dem Rücken liegend, einen Hinterfuß senkrecht zum Himmel und legt ihn sich wahrhaftig über die Schulter und Genick, so daß der Kopf zu der nun nach oben schauenden Unterseite des Schwanzes herabgedrückt wird und dort energisch mit Staub und Starre aufräumen kann. Das Putzen macht dem Tier offensichtlich Spaß. Es schließt die Augen und wirft den Kopf vor- und rückwärts, daß man für sein Gleichgewicht und sein Bewußtsein fürchtet. Nach dem Vollbad kommt der zweite Akt. Peter kratzt sich am Halse. Er setzt sich wieder auf das Hinterteil, reckt das Kinn empor wie eine sterbende Niobide oder ein Gentleman, der seinen engen Hemdkragen zuknöpft, und nun trommelt die Spitze seines Hinterlaufes gegen die Kehle und die Stelle unter dem Ohr. Fabelhaft ist sein Tempo dabei, und die Macht der wirbelnden Pfote läßt für Peters Hals das Schlimmste befürchten. Doch ist hier die Stelle, die am meisten Pflege braucht, weil die Zunge sie nicht erreichen kann, und dort muß ordentlich gekratzt werden. Das wild pulsierende Bein scheint nicht dem steuernden Hirn, sondern einer Reflexserie zu gehorchen, die es magnetisch hin- und herreißt. Auch hier

schließt Peter lustvoll die Augen.
Der dritte Akt erinnert an sanften Regen nach einem Gewitter. Peter pflegt sein Gesicht. Er setzt sich wieder auf, zwinkert mit den Augen und führt die Innenseite einer Vorderpfote zum Maul. Die Krallen sind dabei sorgsam eingezogen. Nun wird die Pfote gründlich beleckt, so daß das Fell dort sogar etwas feucht wird, und dann führt Peter seine Pfote über Auge und Nase, und zwar so lange, bis nach seiner Ansicht diese Partie des Gesichtes schön geworden ist. Dabei fällt zweierlei auf: Einmal besteht der Verdacht, daß Peter schon weiß, was ein Waschlappen ist und in Ermanglung eines solchen die Pfote verwendet, womit er sich wieder als Aspirant abendländischer Kultur ausweist, und zweitens die Tatsache, daß die Vorderpfoten der Katze die Natur dieses Tieres höchst sprechend ausdrücken mit ihrer Eleganz und Feinstruktur, die eine versuchte Entwicklung zur Humanität andeuten, zugleich

aber versteckte Härte künden, die in der Drohung der eingezogenen Krallen liegt. Eine Kreuzung von Damenhänden und Seemannspranken ist so eine Katzenpfote, und es kommt darauf an, welcher Aspekt gerade vorherrscht.
Peter ist übrigens harmonisch gebildet, denn er verwendet beide Pfoten mit gleicher Wirksamkeit. Die Gesichtswäsche dauert lange. Natürlich, Peter weiß, was eine Physiognomie ist, und kennt den Wert männlicher Kosmetik. Man fragt sich, ein wie augenträger, denkfauler Mensch es war, der eine nachlässige, wasserscheue Reinigung des menschlichen Gesichtes »Katzenwäsche« nannte. So läßt sich das liebe Publikum - selbst zu eilig, zu gleichgültig, um nachzuprüfen - von den Fabrikanten törichter Schlagwörter um eigene Erfahrung bringen.
Wenn Peter gepflegt und sauber aussieht, schläft seine Aktivität allmählich ein; nur ein paar Nachwehen in Form ausgewählter Jagdzüge nach verges-

senen Stellen durchlaufen ihn. Es kann sein, daß er, wenn er sich schon hinkauert und die Augen zugehen läßt, plötzlich noch einmal aufspringt, sich wütend in den Oberschenkel beißt und ebenso rasch wieder in schläfrige Passivität versinkt. Doch geschieht das immer seltener, und schließlich dämmert Peter mit eingeschlagenen Vorderpfoten vor sich hin, oder er läuft plötzlich, als ob kein Ritus stattgefunden hätte, gelangweilten Trabs hinweg.

Peter schlafend oder sitzend

Wenn es wahr ist, daß einen festen Bezug zum Leben und seiner geheimen Kraft nur besitzt, wer in die Tiefe des Schlafes zu tauchen vermag und dort in Klarheit gesundet, so ist Peter ein Künstler, ja Magier dieser Selbstaufgabe um des Wiederfindens willen. Er erschläft sich neuen Mut und Glanz des Fells, und auch von ihm läßt sich - wie von einer klugen Dame - sagen, er schlafe sich schön. Am meisten spüre ich von Peters Fremdheit, wenn er wie ein Tempeltier auf einem Kissen liegt und einen heiligen Kreis bildet wie die vorderasiatische Schlange, die sich »in den Schwanz beißt«, und mir fallen Katzengeschichten ein wie die von Mohamed, der seinen Burnus entzweischneidet, um die Katze nicht zu stören, die auf dessen anderer Seite träumt, oder ich sehe Dürers Bild vom studierenden »Hieronymus im Gehäus« vor mir, dessen schlummernder Löwe mir stets wie eine Katze vorkommt.

Nach langer Inspektion seiner Unterlage rollt sich Peter gemächlich zusammen und läßt sich nieder, doch bleibt er nicht in der ersten Lage, sondern versucht in mehrfachem Anlauf den Gipfel der Bequemlichkeit, die vollkommene Schlafhaltung zu finden. Zumeist wird der Kopf auf die Vorderpfote gelegt, der Rücken schwingt sich im Kreise, die Hinterpfoten reichen mit ihrer Spitze zu den Ellbogen der Vorderfüße, und die kleine, zum Kreis noch fehlende Partie wird durch den Schwanz überbrückt. Dann wird ein paarmal tief geatmet, die Augen gehen langsam zu, öffnen sich mühsam, dann kommt ein tiefer Atemzug, mit leichtem Seufzen oder Zucken verbunden, das Köpfchen legt sich voll auf die Pfoten, ein bißchen wird noch geschnurrt, dann sinken auch die Barthaare, die Ohren legen sich, und Peter schläft. Nur die Schwanzspitze steht auf Wache, zuckt mehrmals, doch gibt sie endlich das Mißtrauen auf und liegt friedlich vor Peters Näschen.

Erst bei der schlafenden Katze spürt man den Reiz des Felles. Der atmende Pelz, die Sensibilität der Härchen, die Schmiegsamkeit und Wärme der Hülle, all dies erzeugt einen Hauch von Sinnlichkeit. Peters Fell ist aber nicht nur Hülle, sondern auch Sensorium seiner Welterfahrung, und wer sich überlegt, wie reich eine Wahrnehmung sein muß, die von so viel Spürhärchen gespeist wird, mag verstehen, warum Peter bei Wind und Zug so gequält dreinsieht. Das ist Feinfühligkeit, bei Peter freilich gepaart mit Mut und Kraft. Seht euch dagegen den Elefanten an! Dicke Haut und zarter Sinn - die reine Perversion! Wüste Entartung! Ein weinerlich -

rachsüchtiger Koloß mit dem unverlierbaren Gedächtnis für kleine Kränkungen und Neckereien, so steht er da und schwenkt tatenlos den Rüssel! Peter hat mehr Würde: Freilich rannte er wie toll, als neulich der Bauernbursche seine Mütze neben ihm zu Boden schleuderte, aber nach zwanzig Sätzen war die Haltung wieder da, und nun zuckt sein Fell höchstens partieweise im Schlaf, wenn er davon träumt, oder seine Pfoten zucken beherrscht.

Auch im Tiefschlaf hält Peter die Verbindung zur Welt aufrecht. Die Ohren stehen spitz nach oben, und wenn sie ein ungewohntes Geräusch auffangen, richten sie sich empor, das Köpfchen fährt - manchmal mit erstauntem »Grrr« - auf, und die Augen öffnen sich, um freilich, wenn weitere Signale ausbleiben, wieder zusammenzugehen. Manchmal zuckt auch der Pelz, und wenn die Reizung nicht nachläßt, springt Peter auf, beißt sich ins Fell, bis Ruhe geschaffen ist, leckt glättend nach

und steckt das Schnäuzchen wieder zwischen die Hinterbeine, um weiterzuschlafen.
Soweit Peters privater Schlummer. Nun gibt es auch die Ruhe als Gesellschaftsspiel mit den Menschen. Peter schläft und wartet, bis man ihn streichelt. Dann beginnt er zu schnurren, legt sich auf die Seite und macht die Beine lang. Diese erste Stufe des Wohlseins kann gesteigert werden, wenn man Peter am Hals krault und mit tiefer Stimme zu ihm spricht. Dann wird er weich und untierisch. Er dreht sein Köpfchen nach unten und reckt das Kinn hoch, seine Kehle entblößend, den Körper langsam nachrollend, so daß der Rücken zum Kissen sieht und die Füßchen mit schläfrig geknickten Pfoten nach oben stehen, auseinanderfallen und den hellen, warmen Bauch zeigen. Wenn Peter sich so kraulen läßt, gibt er jegliches Mißtrauen und - im Grunde - sogar den Trieb zur Selbsterhaltung auf. Er vertraut und bietet die verwundbarste

Stelle dar, dort, wo das Leben nur unter wenig Pelz und Haut sitzt. Dann spürt man eine flüchtige Solidarität von Tier und Mensch, den Hauch jener Zeit, als die Tiere noch sprachen und Bruder Wolf oder Kusine Katze hießen.

Eine Spielart seines Schlafes ist auch diese: Peter läßt das Hinterteil seitlich flach liegen, richtet den Körper vorne auf und legt die Vorderpfoten gerade nebeneinander. So erinnert er an eine Prinzessin, die auf dem Ruhebett mit erhobenem Oberkörper für ihren Maler posiert. Sein Gesicht blickt seelenvoll und etwas leidend.

Bald jedoch erhebt sich Peter und streckt sich. Entweder werden dabei die Pfoten lang gemacht und liegen mit dem Vorderkörper voll am Boden, während das Hinterteil bogenförmig nach oben strebt, oder die Hinterbeine liegen schlaff da wie bei einem pfeilgetroffenen Tiger auf babylonischen Reliefs, während die Brust sich über gestrafften Vorderpfoten wölbt. Die Totale besteht im allbekannten Katzenbuckel, bei dem Peter mit rundem Rücken und gestreckten Pfoten seinen Bauch möglichst hoch über Normal-Null hievt, jener mythologischen Katze eingedenk, die Asa-Thor vom Boden stemmte, ohne vorn die Pfoten oder hinten den Schwanz vom Estrich wegzubringen.

Auch im Sitzen hat Peter Varianten, kein Wunder bei einem so geistreichen Tier, das für seinen agilen Sinn auch im Körperlichen Ausdruck sucht. Da ist einmal der Gedanke der Majestät in Haltung umzusetzen. Peter sitzt aufrecht, die Vorderpfoten nach unten gestemmt: der Schwanz ist beigerollt. Auch hier ist tierische Fremdheit zu spüren, und man denkt an kleinasiatische Könige, die derart thronend, Gewaltiges sinnen. Auch Peter mag für seine Feinde Untergang beschließen, sein harter Blick scheint zu sagen: »Ich gedenke demnächst fürchterliche Musterung zu halten«, und Zeus im Gewölk wird dem Künstler nicht anders erschienen sein als Peter mir, zornumloht, das Haupt düster bewegend.

Selbst der Schnurrbart, der zumeist waagerecht steht, zu feinster seismographischer Anzeige bereit, legt sich etwas nach hinten. Bei majestätisch-weltoffener Haltung stellt der sitzende Peter einen Vorderfuß weiter vor als den anderen, und diese Geste verleiht ihm etwas Stolzes. So prangten Gardeleutnants vor der Front, so Moltke auf dem Feldherrnhügel. Man meint, Peter rufe nach einem Photographen und bedaure nur, daß es ihm nicht gelingt, sein Hinterteil so dekorativ herauszukehren, wie es seinen menschlichen Vorbildern vergönnt ist.

Majestät und Macht sind die eine Seite der Würde. Der Geist tritt hinzu, und so kennt Peter auch die Haltung der Sinnenden, Gedankenreichen. Er sitzt still, in sich zurückgenommen, denkt nach über Natur und Welt. Freilich, das Welträtsel ist schwer, der in sich gekehrte Peter hat es noch nicht gelöst, und so schleicht er bedrückt und melancholisch hinweg, wie Zarathustra »am Berge entlang«. Manchmal erfaßt Peter auch leise Ungeduld, und er marschiert mit den Vorderpfoten auf der Stelle, fern freilich der Absurdität des »auf der Stelle marschierenden« Soldaten, sondern der Energie des Denkens in der Bewegung Ausdruck verleihend.

Er kann aber auch stoisch verharren. Einmal fand ich ihn auf dem Bücherschrank, während unten unser Jüngster jaulend hochstrebte, um seiner Zuneigung handfesten Ausdruck zu geben. Peter jedoch, ungerührt, fixierte das gegenüber hängende Bild eines jungen Mannes in rotem Gewand und schien der Klage nicht zu achten, die aus der Tiefe zu ihm stieg.

Sogar drohend kann das Tier dasitzen. Wenn Peter auf einem Baumast kauert, während unten ein Hund kollert und winselt, drückt seine Geste Drohung aus, als ob er zu sich und seinem Gegner sagte: »Ich bin kein Freund der

Gewalt, hasse Knalleffekte, aber ich möchte nicht wissen, was ich täte, wenn wir wirklich ins Gefecht kämen, und ich rate dir, guter Freund nicht auszuprobieren, wie es ist, wenn ich gefährlich werde. Ich warne!« Solcherart sind Peters Gedanken, und es scheint, daß auch der Hund spürt, was jener meint, und seine Darbietung eher vordergründig aufzieht, mehr des Renommées halber.

Manchmal am Tage, öfters bei Nacht, finden sich einige Katzen ein, mit denen Peter Sitzung hält. Die Tiere hocken nach geheimem Ritual im Kreise, wie afrikanische Verschwörer auf den Fersen kauernd in rotes Feuer starren und des blutigen Mondes Stunde erwarten. Was in den Tieren vorgeht, ist ebenso wenig zu fassen wie die Gedanken greiser Indianer, die schweigend das Kalumet rauchend, blicklos in die verlöschende Glut des Lagerfeuers schauen.

Peter und die Kinder

Als Goethe auf einer Spazierfahrt mit Eckermann Äpfel aß und jener ihm den Wohlgeschmack von Früchten rühmte, die er als Kind gegessen hatte, sagte Goethe lachend: »Ja, guter Freund, das waren die Äpfel Ihrer Jugend«, ein Satz, dessen Weisheit man erst fühlt, wenn man die Äpfel seiner Jugend längst gegessen hat. Für unsere Kinder war Peter die Katze ihrer Jugend, und man spürte dies, als der Älteste einmal mit Begeisterung ausrief - wirklich: ausrief, nicht »sagte« - Peter sei ein schönes Tier, ausgerechnet Peter, der Ritter von der traurigen Gestalt!

Alle Kinder spielten mit Peter, wollten sich und ihm Freude machen, nur er selbst hatte wenig Sinn dafür. Wer in seiner Jugend nicht spielt, tut es später selten, sei es Mensch oder Tier. Peter kratzte sogar, wenn man ihn spielerisch umkippte, und schlug mit der Pfote nach der täppischen Hand unseres Jüngsten. Manchmal jaulte Peter sogar, wenn er den Übermut der Kleinen abwehrte; wohlgemerkt: es war Spiel, Lustigkeit mit Rücksicht, keine ungebändigte Affenliebe, doch Peter hatte auch bei Andeutung schon Angst, totgeliebt zu werden. Selten spielte er aus eigenem Trieb, und dann waren es schüchterne Versuche.

Für die Großen war Peter ein Gegenstand der Fürsorge. Sie freuten sich, wenn sie ihm etwas kochen durften, sahen zu, wie es ihm schmeckte, und lernten dabei mit Feuerzeug und Milchtopf umzugehen. Einmal brachte ihn das Mädchen sogar zum Mitspielen und - sozusagen - zum Mitlachen. Hinter unserem Haus stieg ein hoher Erdberg auf, und ich sah durch Zufall, wie die

Kleine diesen Berg in Hockstellung herabsauste und Peter dabei im Arme hielt. Das gefiel ihm; er machte die Ohren spitz, ließ Beine und Schwanz hängen und schnitt ein mitmacherisch lustiges Gesicht, das etwa den Grundgedanken »verschwörerhaftes Einverständnis« ausdrückte.

Unsere Tochter fand bei scherzhaftem Gespräch mit Peter den großen Satz, Peter sei eine berühmte Katze, sogar eine Weltkatze. Das nenne ich ein Wort! So ein Kind sagt mehr, als es weiß, wie wir alle oft mehr ausdrücken, als wir sagen.

Ein weniger schönes Spiel war das Schnüffi-Spiel. Die Kinder fingen sich Schnüffi, den fetten Bürgerkater und leitenden Angestellten, der vermutlich Peter schon einmal verhauen hatte, setzten ihn vor Peter und warteten, was die beiden sich zu sagen hatten. Mich erinnert diese Neugier an römische Arenen, wo man seine Schaulust am Kampf auf Leben und Tod weidete. Es scheint, daß diese Neugier, ein unausrottbarer Atavismus, bei den Folterspielen unserer lieben Kleinen und Großen in Vergangenheit und Gegenwart wirkt, dieses Warten darauf, »was er dann machen wird«, und selbst in Kunstformen wie Tragödie und Hörspiel schwingt die Neugier mit, »was er nun machen wird«. Mein Wunschtraum war es zum Beispiel immer, zwei Lokomotiven ineinanderrasen zu lassen, um zu sehen, »was dann geschieht«, und so kann ich schon begreifen, daß die Kinder den Schnüffi vor Peter setzten. Allerdings ließen wir es später nicht mehr zu, denn wir hatten Mitleid mit Peters Angst, dem Umherschleichen und Sichverstecken.

Schnüffi saß nur da, doch Peters Knurren war absolut bösartig, das Tier war aufgewühlt, man spürte den Aufstand des Zwerchfells. Das Zittern des Körpers verriet die Erregung des Geängstigten, und es bestand kein Zweifel: Peter entsann sich alter Niederlagen, die Angst des Besiegten stand in ihm auf und steuerte sein Tun. Peter kann ja seine Mißerfolge nicht verdrängen oder »bewältigen«, er ist schutzlos der Erinnerung ausgesetzt, und wir wollen seine Ängste nicht protokollieren, denn schließlich ist Peter der Held dieser Geschichte. Wir haben keine Epoche des Heroismus, und der hochdekorierte Schnüffi ist unser Held sicher nicht; mir ist der kleine Mann, der tapfer sein Leben bestreitet, eher zu rühmen als prahlende Täter oder Dummköpfe, die »mutig« sind, weil sie das Risiko nicht zu berechnen vermögen.

Unser Jüngster umwarb Peter am heissesten. Wenn man das Tier gequält galoppieren und sogar zurückblicken sah, war sicher der Kleine hinter ihm drein, grillte und schrie: »Da ist die Miezi! Die Mullikatze kommt!« Der Junge wollte Peter zwar nicht quälen, doch war sein täppisches Zupacken unangenehm für das Tier, und so entzog sich Peter tunlichst dieser »Liebe«.

Es gab auch sanftere Formen zwischen beiden, so, wenn der Kleine sich auf den Bauch legte, den Kopf in die Ellbogen stemmte, zusah, wie Peter fraß und freudig seine Beobachtungen verkündete. Wenn Peter vor dem Einschlafen schnurrte, legte der Kleine seinen Kopf an Peters Bauch, lauschte mit hoher Aufmerksamkeit und rief, indem er herlief, an meinem Hosenbein zerrte und auf Peter deutete: »Sein Motor läuft!« Sonst hielt Peter auf Distanz. Wenn der Kleine ihm nachstellte, suchte Peter Zuflucht auf einem Büchergestell und saß ungerührt träumend oben, während das Kind zu ihm hinaufrief. Einmal aber, als Peter vom Regal herabstieg, gab es doch ein Malheur. Peter wollte nach Katzenart keinen Sprung tun, sondern wählte einen Bildband, der zwei Etagen tiefer lag und etwas hervorragte, als Absteigequartier. Leider hielt der Bildband Peters Gewicht nicht stand, und so sausten Buch und Tier vor die Füße des Kleinen, der erschreckt zurückwich. Peter aber fegte zur offenen Tür hinaus, das Chaos hinter sich lassend, und mir wurde klar, was Rilke in einer Duineser Elegie sagt: »Das freie Tier hat seinen Untergang stets hinter sich.«

Der Mann muß hinaus ins feindliche Leben

Wenn Peter das Haus verlassen will, um Geschäften nachzugehen, setzt er sich neben die Zimmertür, sieht erwartungsvoll nach der Menschheit und hofft auf Erhörung. Meist verläuft alles nach Wunsch, jemand kommt und ruft: »Aha, Peter will hinaus!«, und dann fegt Peter, das Hinterteil in die Kurve werfend, durch den Türspalt und strebt zur Haustür. Manchmal geht die Sache nicht so glatt, und Peter muß warten. Dabei spitzt er die Ohren und sieht gespannt die Tür an. Erfüllt sich seine Hoffnung nicht, beginnt er tonlos zu maunzen, wobei die Ohrenspitzen leicht sinken, während die Augen hilflos blicken und der Mund leidend aufklafft. Bei längerem Klagen geht das Maunzen in heiseres »Miau« über, und die Augen scheinen sich innen am Gesicht zu heben und außen zu senken, so daß ein wahrer Jammerblick entsteht. Im weiteren Verlauf hebt Peter langsam und geprüft die rechte Pfote und kratzt an der Tür, freilich, ohne den Gedanken an Sachbeschädigung. Seine Geste dient mehr der Trauersymbolik, dem Ausdruck »tierhaften Leidens«. Peter weiß nämlich genau, was eine Klinke ist, hüpft manchmal danach und versucht, sie mit beiden Pfoten zu öffnen, und in echter Not würde er den Versuch jetzt wiederholen. Doch vergißt er nicht, was man ihm schuldig ist, und so wartet er leidend und ergeben auf menschliche Hilfe. In diesem Warten auf nicht ganz nötigen Beistand erinnert er an eine Dame, die sich zart und unpraktisch von ihrem Begleiter eine Tür öffnen läßt, die sie im Notfall mühelos aufreißen könnte. Die Anmut aber hat eigene Gesetze, und auf den Charme vorübergehender

Hilflosigkeit verzichtet Peter keineswegs.
Ist die Tür offen, schlägt Peter sofort leidlos und geschäftstüchtig den Weg zur Haus- oder Terrassentür ein, wo er wieder zum Stehen kommt und umschaut, ob man ihm folgt. Dabei sieht er sich vor, daß die Tür ihn nicht streifen oder klemmen kann, sitzt also nie vor der Türe, sondern immer seitlich oder etwas entfernt. Doch nun schaut er sich nicht mehr um, sondern richtet das aufmerksam gewordene Gesicht dem Türspalt zu, zwar noch nicht mit voller Sammlung, aber so, daß man sieht: der Mensch ist ihm jetzt Nebensache, keiner Pose oder Vorführung wert, nur noch Mittel zum Zweck. Das Draußen, die Welt, in der ein Mann sich bewährt, nimmt Peters Geist gefangen und fordert seine Kraft.
Öffnet sich die Tür und weht frische, zeichen- und spurenträchtige Weltluft herein, wird Peter aus einem häuslichen Gelehrten plötzlich zum Raub-

tier. Er duckt sich, daß die Gelenke spitz hinter dem Nacken emportauchen, sträubt die Rückenhaare und zuckt gereizt mit dem letzten Drittel des Schwanzes. Seine Muskeln sind zu Angriff oder Flucht halb gespannt. Auge und Ohr spielen sichernd und suchend nach draußen, und der Körper will mit Wand und Boden verschmelzen.

Nun gibt es zwei Möglichkeiten: Peter verschwindet als Jäger und Raubtier wie weggeweht nach einigen Momenten des Sicherns, oder es zeigt sich, daß die ganze Pose nur Gewohnheit und Atavismus war und Peter als zivilisierter Bürger im schnürenden Trott zwar vorsichtig, aber gelassen um die Hausecke trabt. In jedem Fall aber ist Peter nun selbständig, hat sich vom Menschen getrennt und will von Verträgen nichts mehr wissen.

Auf der Jagd

Peters Lebensgrundlage und sein Daseinszweck ist der Fang. Er lebt von der Jagd und lebt für die Jagd; sie ist ihm Spiel und Mühe zugleich. Freilich, was wissen wir, warum die Katze jagt, und wie wenig läßt sich unterscheiden zwischen fraglosem Trieb, abenteuernder Jagdlust und der Not des leeren Magens mit der Gefahr tödlichen Kraftverlustes! Es sind dies vergessene Urzustände, denen der Kulturmensch selten begegnet, höchstens bei Katastrophen oder freiwillig unternommener Abhärtung, die doch den Geschmack des Primitiven nie ganz los wird.

Peter kennt solche Probleme nicht. Seine Raubtiernatur hat die Jahrtausende ungezähmt durchstanden. Bei aller Helle in Methode und Ausführung ist sein Jagdbedürfnis dumpf und triebhaft geblieben, und seine ganze Jägerei scheint nur Funktion des Instinktes. Das zeigt sich an der völligen Zweckmäßigkeit seiner Bewegungen. Peter hat sich zum Werkzeug gewandelt, zu Falle oder Pfeil, und seinen Sprüngen oder Schlichen sieht man die Entsagung oder Gewalt nicht an, die menschlichem Weltkampf anhaften. Peter ist »in seinem Element«, und da gibt es keine unnötige Bewegung, nichts, was nicht dem Ziel diente. Der pirschende Peter hat mich durch die Sicherheit seiner Gesten zu einer Formel verleitet: Eleganz ist Stoff plus Kraft mal Zweckmäßigkeit. Mag meine Gleichung so fremd klingen wie alle Mathematik im nichtmathematischen Bereich, ein wenig von Peters Jagdkunst wird sie wohl anschaulich machen.

Peters Jagd beginnt mit einem Zeremoniell. Dazu gehört die Schärfung der

Waffen. Die Katze sucht einen passenden Baum, besichtigt ihn kurz, streckt sich an ihm hoch und zieht die Krallen beider Pfoten in wilder Wut von oben nach unten durch das Holz. Sicher stellt sie sich einen zu bearbeitenden Gegner vor und haut mit Lust in die feindliche Rinde. So arbeitet Peter eine Zeitlang. Dann verliert er die Freude und geht ein Stück weiter, doch kann es auch sein, daß er plötzlich umkehrt und seinem Baum noch einige Hiebe versetzt, wie ein oberbayrischer Bauer zu einem geohrfeigten Apfeldieb nocheinmal umkehrt, um den Nachtragshaushalt zu erledigen, bevor er ihm endgültig seinen breiten Rücken zukehrt und verschwindet.

Auch Peter verschwindet um die Ecke und begibt sich an die Arbeit in Feld und Weinberg.

Dort duckt er sich, und dann sieht man nurmehr seine Ohren aus der Furche ragen. Gelegentlich streben sie voran, bleiben stehen, ziehen weiter. Sind Ziel und Beute entdeckt, erstarrt Peter, verwächst mit dem Boden und wartet auf seine Gelegenheit. Manchmal nur zuckt die Schwanzspitze, und selbst diese will Peter beherrschen. Ruckweise zieht es ihn auf die Beute zu, und immer wieder hält er ein, um sich nicht zu verraten. Man spürt geradezu und möchte graphisch darstellen, wie in Peter die treibende Gier einerseits wirkt, andererseits Beherrschung und Vorsicht ihn zurückhalten. Das Tier ist zum Parallelogramm der Kräfte geworden. Es wird magisch von seinen Augen auf die Beute hingezogen und bildet eine Gerade vom Kopf bis zum Schwanzende. Nur ein Zucken des äußersten Spitzchens verrät manchmal seine Anspannung. Ich kann mir kaum denken, daß Peter sich dabei nicht auch distanziert, sich selbst einwenig unernst und belustigt zusieht; wie ertrüge er sonst die lange Konzentration und Unbeweglichkeit? Der bloße Jagdernst wäre nicht zu ertragen, wenn nicht Spiel und Kunst dabei wären, und es ist künstlerisch, wie Peter zu Werke geht; man spürt es geradezu. Das Zögern der Weisheit prägt sein Warten, wobei die Furcht, den rechten Zeitpunkt zu versäumen, nicht minder groß ist und sich im Zittern der Schwanzspitze ausdrückt. Es ist ein unpersönlicher Vorgang, ererbtes Handeln, Instinkt gewordene Erfahrung von Generationen, was hier wirkt. Eine fraglos übernommene Tradition formt Peters Bewegungen, wie auch bei magischen Tänzen das Ritual den einzelnen in eine Funktion zwingt, ohne viel nach privater Prägung oder Varianten zu fragen.

Plötzlich ein rasches Vorschnellen als Abschluß der langweiligen Schleicherei. Jetzt geht es ums Ganze: Fang oder Fehler, das ist nun die Frage.

Heutzutage, in der Kulturwelt, ist die Sache nicht mehr so ernst: wenn man keine Maus erwischt, hilft der Milchmann, das süße Dasein zu fristen, während es früher auf Leben und Tod ging,

wenn der Fang nicht glückte.
Gut, Peter hat sein Mäuschen gefangen. Jetzt beginnt wieder das Spiel, die Beherrschung der Situation wird genossen. Freilich ist dies ein Spiel, das uns Menschen mit Entsetzen erfüllt, denn die Beute dient nicht bloß zur Nahrung, nein, sie wird zu einem triumphierenden Spaß verwendet, bei dem sich Peter für die Spannung der Jagd schadlos hält und sich auflockert. Ich will sie nicht der Vergänglichkeit abjagen, die Bilder der nächsten Minuten, da Peter ein erdfarbenes, graubraunes Fellsäckchen, das in Wahrheit eine leidende, angstgeblendete Kreatur ist, mit tappender Pfote mehrfach zu halber Flucht jagt und die kleine Hoffnung durch wiederholte Festnahme immer von neuem zerstört. In dieser Grausamkeit erinnert die Katze an die Tyrannen ihres nubischen Heimatlandes, an vorderasiatische Despotenlustbarkeit mit gefangenen Herrschern, die den Sieg erst im Quälen genießt, in der Freude

an Schlag und Stich, rinnendem Blut, Gestöhne und Schrei.
Eine Darbietung Peters muß ich aber erwähnen: den Immelmann-Turn. Der Turn ist eine fliegerische Kunst- und Kampffigur, bei der die Maschine in eine Steilkurve gerissen wird, aus deren Gipfel sich der Flieger seinem Verfolger in den Nacken setzt. Peter läßt im Spiel sein Opfer halb vorbeifliehen, wirft dann den Oberkörper hoch, stößt sich mit den Hinterbeinen ab, beschreibt mit Kopf und Schultern eine spielerisch-runde Wendung, läßt dabei die Pfote fast lässig hängen und wischt seiner Beute wiederum eins aus, ganz leicht und spielerisch drohend, wie wenn er mit erhobenem Zeigefinger sagen wollte: »Durchgehen? Was fällt dir ein! Hiergeblieben und schön gespielt!«
Manchmal glaube ich sogar, Peter wolle der Maus Gelegenheit geben, im Kampf zu wachsen, den Mut der Verzweiflung zu erringen, aber da täusche

ich mich: Er will nur spielen, und die Maus hat nichts als Angst. Freilich, der Kampf ist ungleich, doch wünschte man sich einen Untergang mit wehender Flagge.
Andererseits: Zum Heroismus besteht keine Pflicht, und wer hat das Recht, vom Mäuschen zu fordern, was der schmerzerfahrene und todesmutige Gladiator nur als Ergebnis langer Übung und Dressur leisten konnte?
An manchem Tag geht es anders aus: Mitten im Anschleichen richtet sich Peter auf, zuckt mit den Ohren und geht als biederer Spaziergänger fort. Dann hat er die Zwecklosigkeit eines Unternehmens erkannt und beendet die hohe Imagination der Schleichjagd durch banales Flanieren. So täuscht er sich und andere über den Mißerfolg, denn es kommt auch vor, daß dem sieggewohnten Peter eine »schwarze Katze« über den Weg läuft.
Besonders trifft dies für Peters Abenteuer mit Vögeln zu. Es gibt kaum etwas

Jämmerlicheres als eine Katze, die ihren Schlußsatz gemacht hat, Pfote und Ohr vorstreckt, die Hinterbeine breit auseinandergestellt hat und dem raschen Vogelvolk nachstarrt, mit den Zähnen fletscht und ihr Fell sträubt. Ja, wenn man fluchen könnte!
Manchmal freilich gibt es auch hier Erfolge, und Peter steht breit vor einem Federhäufchen, leckt sich nach blutigem Fraße das Maul und sieht tragisch und schicksalsschwer drein.

Junge Katzen

Ganz vereinzelt und nur zu gnadenreicher Stunde spielt Peter. Die Kinder ziehen einen Faden für ihn, oder ich fahre mit dem Finger nach Mäuschenart am Tischrand entlang. Peter stellt dann seine Ohren wie zum Fang auf, streckt die Pfote lang und tappt ein wenig nach dem Bewegten. Viel bietet er freilich nicht, doch selbst Peters ärmliche Anmut genügt, um hinter seiner Landstreichergestalt das Bild früher gesehener Kätzchen beim Spiel vors Auge zu rufen.

Ja, so ist es, wenn kleine Katzen spielen: man sieht vier kleine Ohrenspitzen über den Rand der Wohnschachtel ragen, es folgt die ganze Pyramide der frech gestellten Öhrchen, dann tauchen vier grüne Augen in schwarzen Masken auf, zwei rosa Schnäuzchen dazu, es werden weiße Brustlätze sichtbar, dann lugen vier schwarze Fellpfötchen über den Schachtelrand. Sie sind aufgestanden, jetzt beginnt das Spiel. Katzenspiel ist eine wichtige Lebensfunktion, Lust und Ernst zugleich, und selten wird man Spiele sehen, deren Identität mit dem Ernst- oder gar Notfall so klar feststeht. Die jugendliche und kätzische Unbedingtheit solcher Spiele ist von hohem ästhetischem und – wenn man es sagen darf – ethischem Reiz. Diese Tiere tun alles ganz und entschieden, und auch hier zeigt sich der wilde Lebenstrieb der Katze, die geheimnisvollen Reserven körperlicher und seelischer Kraft aus der Tiefe, die beim Menschen nur im Extremfall sichtbar werden.

Da kommen die Kleinen auf Pfötchen, die vorne wie abgehackt aussehen, mit schütter bepelzten Schwänzchen und

runden Bäuchen, und im Spiel selbst dieser Kleinen ist die volle Konzentration auf das Ziel erkennbar. Manchmal sind sie nur Auge, Pfote und Ohr.
Ihr Spiel ist wie ein Kaleidoskop. Sie traben zuerst halbquer, finden eine Papierkugel, verleihen ihr mit täppischer Pfote Leben und jagen dann, sie rasch vorantreibend, hinterdrein. Plötzlich bleibt das Papier liegen, und der Jäger wendet sich ab, vom Gefährten beobachtet. Dann dreht sich das Jagdtier wie halbvergessen und geht achtlos an der Kugel vorbei; auf halber Höhe steigt es empor, dreht sich über Kopf und Brust nach hinten, wirft Hinterpfoten und Schwanz herum, und schon ist das Papier wieder knisternd lebendig, wird zugeworfen, dem anderen zugespielt, zurückgeraubt und vom knurrenden kleinen Katzenrachen festgehalten.
Katzen suchen alles zu fassen, was sich bewegt. Alles Bewegte ist lebendig, und Lebendes, Pulsendes ist Beute; dies ist der unverbrüchlichste Raubtier-

instinkt. Auch Angehörige der eigenen Gattung unterliegen diesem Gesetz, womit freilich ein rüder Kannibalismus nicht gemeint ist, sondern der viel harmlosere Sachverhalt des nun folgenden zweiten Aktes: der Katzenbalgerei, und wer kennt jenes lustige Gebalge nicht, das Pfotengemenge, die chaotische, doch faire Rauferei, die damit gemeint ist?

A geht auf B zu, mit gehobenem Pfötchen, scherzhaft oder im Spielernst drohend. B droht zurück, und dann umtänzeln sich die beiden wie Boxer in der ersten Runde. Bald wird es ernst, und die Feinde sind ineinander verwickelt. Nun beginnt das immer wieder sich blitzartig ändernde Spielchaos.

Schwarz ist oben, weiß unten, weiß oben, schwarz unten, A ist überlegen, B duldet eingerollt, B kratzt, A schlägt um sich. Es geht beinah lautlos zu, nur manchmal heult ein Kätzchen, das allzu ernst gekratzt oder gebissen wurde, oder es treffen die kleinen Knochen mit winzigem Geräusch am Boden auf. Wüßte man nicht, hier werde gespielt, dächte man an Überfall und Totschlag in einem Hohlweg.

Meist aber wird das Spiel offenbar im zierlichen, runden Abrollen über Seite und Rücken, in der Anmut der Gesten, im Tappen statt hartem Zuschlag. Das Balgen hat auch System: da ist eine lange Kette von Einfällen, von Spielen, deren Regel, aus dem Stegreif entworfen, dem Partner sofort klar ist, befolgt und nach kurzer Zeit - bei neuer Variante - vergessen wird.

Dann ist Pause. Die Kätzchen legen sich auf die Seite, ruhen ein wenig und strekken – schon wieder lustig – die Pfötchen zum anderen hinüber. Dann haben sie die Köpfe plötzlich gegenüber den Hinterfüßen des Partners, und so beginnt der nächste Akt: das Kehlenspiel. Mit den Hinterpfoten kratzen sie die ungeschützte Kehle des Gegners, die Augen sind zugedrückt, die Vorderpfoten ziehen den anderen an sich. Unschwer hebt sich dabei die Grenze von Spiel und Ernst auf; die Kralle schießt hervor, Muskeln spannen sich, die Ohren sind zurückgelegt, das Gesicht wird raubtierhaft finster, die Hinterläufe trommeln auf Hals und Augen des Feindes, fügen Schmerz zu und zucken in selbst erfahrener Pein. Klagen und Knurren erschallt in wechselseitigem Quälen und Erleiden. Echt kätzisch ist solche Doppellust schmerzender Verteidigung und heroisch-duldenden Quälens. Doch kehrt bald wieder der Sinn für das Spiel zurück.

Nun wird Nachlaufen gespielt. Sie rasen den Lehnstuhl hinauf, daß der Ton der nadelspitz eingehauenen Krallen wie Wirbel auf einer Kindertrommel klingt. Die Hatz geht los, und die kleinen Tiere rasen wild hintereinander her, daß man denken könnte, es sei eine Verbrecherjagd. In Wahrheit verfolgt keines der Kätzchen das andere, so subtil auch die Spielregeln der Umkehr, des Nichteinholens und Pausierens erscheinen. Die Kätzchen rennen sozusagen hinter der Idee des Verfolgens und Einholens her, sind auf den eigenen Körper bezogen, und die Hetzjagd findet nicht so sehr mit dem anderen als mit sich selber statt. Überhaupt bleibt jede Katze ein festumrissenes Individuum; das will sagen: wenn zwei Kätzchen einen Ball beobachten, tun sie das nicht gemeinsam, sondern gleichzeitig.

Mitten im tollsten Spiel kann überraschend Schluß gemacht werden. Entweder sind die Tiere zum Umfallen müde, oder sie haben keine Lust mehr am Spiel, besonders nach so fulminantem Höhepunkt. Überhaupt erscheint es der Katze eigen, daß sie plötzlich das Interesse an etwas verlieren kann, und die Fabel vom Fuchs und den Trauben wird sinnvoll auch auf sie übertragen. So kommt es, daß die Kätzchen rasch ein Spiel abbrechen, das eben noch ihres Herzens Lust schien, sich mißgestimmt niederlegen und sofort einschlafen. Sie schlummern in ihrer Wohnschachtel wie halbtot, doch achten sie dabei sorgsam auf Bequemlichkeit und Wärme. Sie drängen sich zusammen und kuscheln sich ineinander, als ob nur dies sie vor dem Erfrieren bewahrte, und manchmal ist es schwer festzustellen, welchem Tier nun diese Pfote oder jenes Schnäuzchen gehört, in ein so chaotisches Wärmeknäuel haben sie sich verwickelt.

Kämpfe, Schicklichkeit

Peter wird - wie nach Schiller die Welt-getrieben durch Hunger und durch Liebe. Mit der Liebe nun steht es bei Peter so, daß er davon nicht viel merken läßt. Selten sah ich ihn in einer jener Versammlungen, bei denen viele Katzen im Kreise sitzen und den Lauf der Zeiten beklagen oder sich Verbalinjurien zuwerfen. Von Peter ist diesbezüglich wenig zu hören, und das ist doch ein Manko.

Ich erinnere mich eines Satzes, der, wenn ich es recht weiß, von Gorch Fock stammt. Dieser Seemann führt da seine geteerte Feder über das Papier, und was schreibt die schwielige Faust? »Binnendeichs schrie eine katernde Katze in wilder Leidenschaftlichkeit.«

Da hat man es! So aufgewühlt geht es an der Waterkant zu! Das Meer singt sein Lied, wogt gegen die Dämme, auf denen nachts der Schimmelreiter trabt, und binnendeichs schreien die Katzen wie im Heimatroman die Burschen nach den Dirndln jodeln. Und leidenschaftlich sind die verfluchten Kater! Peter freilich, ein Binnentier, ist wenig leidenschaftlich und bringt es höchstens auf einen oder zwei Kräche im Jahr, mit Schnüffi, dem Dicken.

Dabei entfaltet sich ein heroisches Schauspiel von primitiver Erhabenheit. Vielleicht gelingt es meiner dürftigen Prosa, sich in epischen Rosinantentrab zu versetzen, um ein schattenhaftes Bild des Geschehens zu entwerfen.

Also, sag an, Muse, wie der Kampf der Kater sich jüngst zu Neubrunn ereignete! Zuerst stiegst du, tüchtiger Peter, in die Kampfbahn und wartetest schnaubend auf Schnüffi. Die umworbene Katze sah zu, um als Helena dem Sieger zu gehören.

Nein, so geht es nicht. Das Epos hat abgewirtschaftet, und wir bleiben bei Trott und Prosa, mag auch das weitere Geschehen hochepische Züge besitzen.
So ist gleich das Katzengeschimpfe, das nun einsetzt, episch und erinnert an die Herausforderungen und Schmähworte führender Helden vor ihren Gegnern, an Achilles etwa oder germanische Völkerwanderungskrachmacher. Dem Geschimpfe folgt bösartiges Knurren verschiedener Länge, und man möchte wissen, wo in Peters Körper geknurrt wird, denn die Töne scheinen aus dem Innern, nicht etwa aus der Kehle, zu dringen. Man ist an Dampflokomotiven erinnert, die am Bahnsteig stehen und, zu geheimer Selbständigkeit erwacht, »Dadongg, dadongg« mit nachvibrierendem g machen.
Dieses Knurren dient – wie zuvor die Schimpferei – der Selbstentzündung. Peter rüstet psychisch zum Streite, und dazu gehört – wie menschlich – die Selbstinduktion, die nebenbei, versteht

sich, den Gegner einschüchtern soll. Nun zeigt sich etwas Merkwürdiges: keiner der Gegner ist kampflustig, sie sind vernünftig und nationalen Parolen nicht zugänglich. Aber - da gibt es den drängenden Trieb, der die Streiter zum Kampf um die schöne Helena zwingt. So ist auch hier das Fleisch stark und der Wille schwach.

An sich ist Peter zu klug, um Risiken einzugehen, und wählt sich möglichst Situationen, die er beherrscht. Allem Gefährlichen, Schwierigen weicht er aus, weniger aus Angst vor der Mühe als aus Klugheit. Bewährung: schön, das muß sein, aber provozieren soll man nichts.

Plötzlich fahren die Kämpfer doch zusammen, kratzen, fauchen und beißen - doch es dauert nicht lange, und sie gehen wieder auf Abstand, wahren den Kreis der Unversehrtheit, den jedes Lebewesen um sich zieht und nur selten durchbricht. Dann wird von neuem geknurrt, gekämpft und pausiert, wie es die undurchschaubare Dramaturgie solcher Kämpfe fordert.

Im ganzen stellt sich heraus: es sind unlustige Kämpfer, besonders Schnüffi ist in der Arena wenig zufriedenstellend. Peter macht sein unterlegenes Gewicht durch Beweglichkeit und Fußarbeit wett. Die Zähne werden gezeigt, die Klauen entblößt und die Bäuche gerollt. Meist wird der hohe Waffengang durch wütende Nachbarn gestört, und im Nu sind Helena nebst Zweikämpfern flüchtige Schatten geworden, die mit angelegten Ohren und hängendem Schwanz im Dunkel verschwinden, um den Streit auf unbedrohter Heide in Einsamkeit auszufechten.

Am Morgen ist Peter froh, daß er es hinter sich hat und wieder vernünftig existiert. Er trinkt hastig seine Milch und sucht einen stillen Platz, wo sich die aufgewühlte Natur in ihr Gleichgewicht zurückschlafen kann.

Die Kämpfe um Helena fanden halbwegs publik statt, doch blieben eigent-

licher Zweck und Ausgang verborgen, und dieses Faktum führt uns zu einer wichtigen Beobachtung: Peter teilt mit allem, was Katze heißt, einen strengen Sinn für Schicklichkeit und Dezenz. Es heißt sogar, als einziges Tier habe die Katze Schamgefühl. Das mag stimmen oder auch nicht, doch wird man zugeben, daß Peter bei manchem Anlaß weiß, was sich gehört.
Wenn Peter das tut, was wir etwa »die Nebenräume aufsuchen« nennen, zeigt er eine Gewandtheit im Vorgeben des »Als-Ob-Nicht«, um die ihn mancher und manche beneiden möchte. Peter weiß, was er dem Gedanken der Schönheit schuldet, und wirklich erinnert er an Schönheiten, die ebenfalls das Bedürfnis gelegentlich ignorieren. Peter weiß, daß man auf der Lebensbühne die beste Seite zeigt.
Wirklich könnte man glauben, Peters langgestreckte und leicht angewinkelte Pfote, die dort in langen Zügen das Erdreich wegkratzt, solle bei aller Gründ-

lichkeit an einen Wanderer erinnern, der zerstreut mit seinem Stock in einem Erdhaufen stochert, während sein Blick über Lichtung, Tal und Fluß gleitet. Das allzu Irdische, Peter gönnt ihm nicht mehr Raum, als ihm füglich zusteht. Auch die Erleichterung läßt Peter mit der Miene solcher Unbeteiligtheit geschehen, daß jeder zufällige Zeuge durch Peters diskreten Fernblick gezwungen wird, ebenfalls dessen Blickrichtung einzuschlagen, um zu sehen, was es dort am Feldrand so Wichtiges gebe.

Nach dem Ereignis hinterläßt Peter nicht nach Hundeart in der Herbstkühle dampfende Spur, nein, er deckt, was entfallen, zu, und hier ist der einzige Ort, wo man ihm Unziemlichkeit in etwa vorwerfen könnte: in der Eile des Kratzens, Scharrens, Bedeckens vergißt Peter, daß Ziemendes sich nur in Gelassenheit verwirklichen kann. Aber ehrlich, wer von uns ist bei so strenger Regel frei von Vorwurf? Peter nun, in der Schlußphase der Prozedur vor dem Weggehen, tut so, als habe er mit all dem nichts zu tun, als sei dort ein Fremder am Werk gewesen und er selbst nur durch Zufall hierher geraten. Er würdigt die Stelle keines Blicks, sagt sich los von ihr, leugnet ab, was war und ist, denn was nicht sein darf, konnte nicht geschehen.

Katzen zeigen diesen Sinn für Schicklichkeit auch sonst. So kennt jeder das Sichverkriechen kranker Katzen, jene Tapferkeit, die uns den verstimmenden Anblick von Krankheit und Not erspart. Daher kommt es, daß wir vom Sterben der Katze kaum etwas wissen, ihren Ausgang weniger kennen als die Geburt. Auch von Peters Tod ist wenig zu berichten, einmal, weil er sicher verborgen blieb, zum anderen, weil wir nicht zugegen sein konnten, oder sagen wir vorsichtiger und ehrlicher: nicht zugegen waren. Dies aber steht, wie man so sagt, auf einem anderen Blatt.

Ein Ende

Nun schlagen wir das andere Blatt auf, kein Ruhmesblatt wie die vorhergehenden, und ich schreibe zögernd und unfroh.

Nein, ich drücke mich nicht, sondern sage gleich, was zu gestehen ist, bevor mich der Bericht zu gewundenem Gerede zwingt: wir sind schuld an Peters Tod, einem mühseligen, langsamen Tod, und natürlich steckt die erste Schuld in der Sprache, in dem verlogenen Terminus »Leihkatze«. Man erinnert sich: Spaß mit Peter ohne Verantwortung, das schwebte – unbewußt vielleicht und unausgesprochen, wer redet schon so grob? - uns vor, und de iure, dem Buchstaben nach, waren wir

Verantwortung nicht gehalten. Das Leben aber ist dort, wo es sich selbst finden will, nur selten durch geschriebenes Recht gebunden.
Die Fakten: Weihnachten, das Fest der Liebe, war gekommen, und wir hatten unsere Freude an der Seligkeit der Kinder, lebten, wie es heißt, im Schoß der Familie und genossen den Christbaum und seine Lichterpracht. Nun war noch eine Überraschung geplant: wir wollten ein paar Tage zu den Großeltern fahren, um die Einsamkeit der alten Leute zu erhellen. Die Freude war auch groß, und im stolzen Bewußtsein guter Tat und recht verwandter Ferientage kehrten wir zu Jahresbeginn nach Neubrunn zurück. Auch das Wetter entsprach jedem Wunsch: über dem Feld lag alter Schnee, darüber glitzernder Neuschnee, und die krachende, trokkene Kälte ließ die Autofahrt und den Aufenthalt im Freien zum kühlen Fest werden, und wie angenehm spürte man die Wärme, als man aus der fri-

schen Luft in eine mollige Raststätte kam! Das neue Jahr ließ sich gut an, und mit der Gedankenlosigkeit der Freudigen gab man sich dem Wohlgefühl hin.

Nicht, daß wir Peter vergessen hätten! Wir hinterließen eigens für ihn gekauftes Fischfilet, Abfälle (betont reichlich gehaltene Abfälle!) vom Festmahl und Milch die Fülle. Kein Anlaß also zur Klage; bevor wir wegfuhren, wurde er besonders gut gefüttert, und die lächerlichen paar Tage, die wir fort waren, mochte er sich behelfen. Er schlief ohnedies nie bei uns, und schließlich bekam er auch in anderen Häusern Futter, vielfacher und unregelmäßiger Kostgänger, der er war. Außerdem: es gab Ställe im Umkreis, und Unterschlupf konnte so ein Vagabund allemal finden. Kein Grund also, wie gesagt, zu schlechtem Gewissen.

Ganz ruhig war trotz so massiver Zurede niemand, und nicht selten wurde die Frage laut, was Peter wohl gerade mache. Doch was sollte dem Tier schon zustoßen? Schließlich behalf man sich mit markanten Redensarten, etwa »Unkraut verdirbt nicht« oder »Die Natur hilft sich schon«. So weit so schlecht.

Als wir zurückkamen, sah unser Heim schon von ferne wohlerhalten zu uns her, und die Kinder lärmten auf dem Rücksitz, weil sie gleich in die thermostatisch garantierte Wärme des Hauses zu ihren Spielsachen wollten. Das Aussteigen aus dem Auto ging unter viel Geräusch vor sich, die Kinder eilten freudig zur Haustür, und vor eben dieser Haustür lag klein und verloren der tote Peter.

Erschreckend, wie klein Peter war, wie er nur ein wenig Fleisch über dürren Knochen in einem schütteren Fell gewesen war. Es blieb eine Tatsache: Peter war tot, und es ist schlimm, wie endgültig Tatsachen sind. Peter lag so endgültig da, ein wenig Schnee über sich, und noch an den verwischten Konturen sah man die Anmut seines Liegens: es spitzten die Ohren ein wenig steif aus der glitzernden Decke, es lag der Schwanz zierlich rahmend bei den ein wenig angezogenen Hinterpfoten. Leicht, sehr leicht war Peter geworden. Das spürte man beim Wegräumen, denn wie schnell verstecken wir Beweis und Zeugnis, wenn wir uns zu schämen haben. Natürlich hatte ich recht, Peter fortzuschaffen: Hygiene ist oberstes Gebot. Aber war es nicht auch ein Ersparen von Eindrücken, eine Flucht vor dem, was man tragen sollte? Wer weiß, ob nicht das Eingesparte später gefordert wird, gefordert nach geheimem Zinssatz?

Natürlich fragte man sich, warum es so kam. Es war schwer zu sagen, doch konnte man sich vorstellen, wie es geschehen war. Peter mochte wiederholt und hoffnungsvoll zum Hause gekommen sein, hatte wohl zäh und dumm seine Kreise gezogen in unsinnigem, zornerregendem Tiervertrauen, warf wohl hoffnungsreiche, frierende Blicke vom Zaun zum Fenster, langsam einschneiend, manchmal, getäuscht, aufspringend, zur Tür laufend, sich schüttelnd, enttäuscht wegschleichend, nicht verstehend, was vor sich ging – Tag und Nacht, hungernd, frierend, erschöpft.

Das war der Fluch zu eng geknüpfter Bande, die Folge sentimentalen Heimischmachens, des schrittweise geminderten Instinktes für Selbsthilfe bei Peter. Er mochte das Haus umkreist haben, mochte trüb und kalten Fußes zu anderen Häusern geschlichen sein, bekam dort nichts oder nicht genug, vielleicht war auch dort niemand da, man konnte damit gerechnet haben, daß Peter schon bei uns gefüttert werde – kurz, es war eine Fülle schlimmer Umstände eingetreten. »Unglückliche Umstände« - ein fluchwürdiges Wort, denn wer macht sie denn, die Umstände? Zumeist sind wir ihre Urheber, und wenn wir schuldig oder halb schuldig sind, schützen wir das feige Wort vor.

Zu den Umständen war die schöne Kälte gekommen, dazu der schöne Altschnee, der schöne Neuschnee, der schöne frische Wind, und all das hatte Peter langsam leicht gemacht, federleicht.

Wie gesagt, wozu den Kräfteverfall schildern? Einmal mußte das Ende kommen, doch fürchte ich, daß es lange währte. Eine Katze stirbt zäh, sie endet lautlos und klaglos, doch kämpft sie bis zur letzten Zelle, und aufgeben wird sie nie.

Uns bleibt die Erinnerung und das bedrückende Gefühl der Schuld, besonders wenn wir bedenken, was man Peter zu Lebzeiten noch Gutes hätte tun können oder sollen. Vielleicht freute sich Peter auch, wenn er wüßte, daß von ihm geschrieben wird. Freilich, nun siehst du mir nicht mehr beim Schreiben zu, läßt die Augen nicht mehr dem huschenden, mit leisem Klingen federnden Kugelschreiber folgen, nicht aus Kultur freilich, sondern aus Interesse am beweglichen Spiel und ohne Ahnung, welchen Sinn die entstehenden Zeichen haben. Du liegst nicht mehr mit angelegten Pfoten und eingeringeltem Schwanz auf dem Bücherbord, springst nicht mehr auf Kunstbände, die trügerisch Halt versprechen. Nun hast du deinen Untergang wirklich hinter dir.

Niemand wird bei Peter an leibliche Auferstehung denken. Er hätte bei solcher Vorstellung höflich ablehnend wie die Athener geantwortet, denen Paulus die Auferstehung des Fleisches predigte: »Davon wollen wir ein andermal hören«. Peter wäre aber sicher froh, wenn er hörte, was wir demnächst vielleicht beschließen wollen: wir werden einen Kater ins Haus nehmen, einen, der Peter heißt und ihn ganz repräsentiert, keine Leihkatze, sondern eine solide, bürgerliche Hauskatze.

Der Autor

Otto Schönberger, 1926 in Dillingen/Donau geboren, Kriegsteilnehmer, zweimal verwundet. Nach der Entlassung aus der Kriegsgefangenschaft Studium der Klassischen Philologie, Germanistik und Philosophie. Lebt heute in Würzburg. Von ihm liegen vor: Kommentierte Neuübersetzungen von Longus, Daphnis und Chloe - Horaz, Satiren und Episteln - Philistratos, Die Bilder - Cato, Vom Landbau und Fragmente. Seine wissenschaftliche Hauptarbeit galt dem römischen Epiker Lucan.
Diese Erzählung ist seine erste, nicht wissenschaftliche Buchveröffentlichung.